Botanico Libro da Colorare

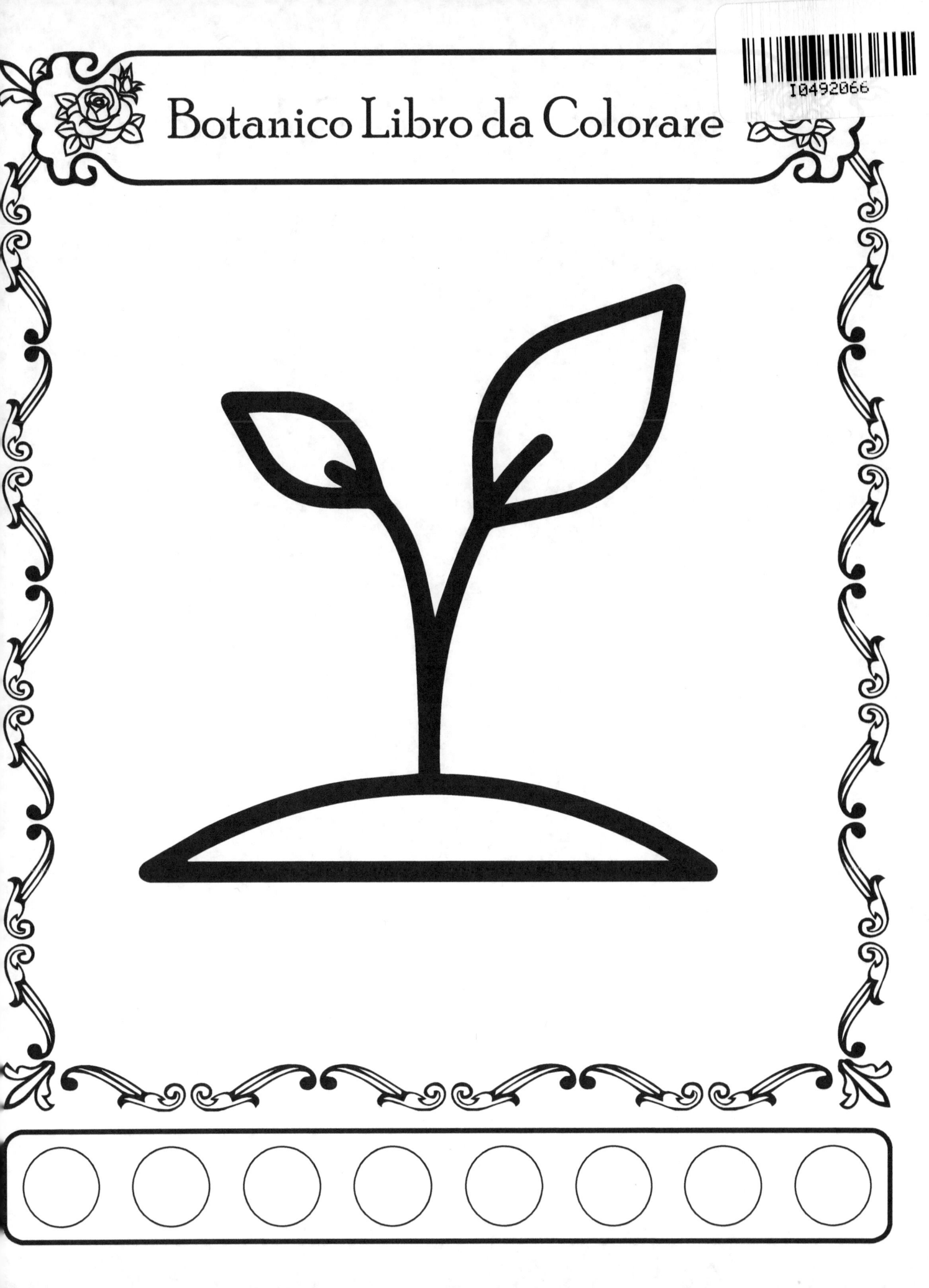

Botanico Libro da Colorare

Botanico Libro da Colorare

Botanico Libro da Colorare

Botanico Libro da Colorare

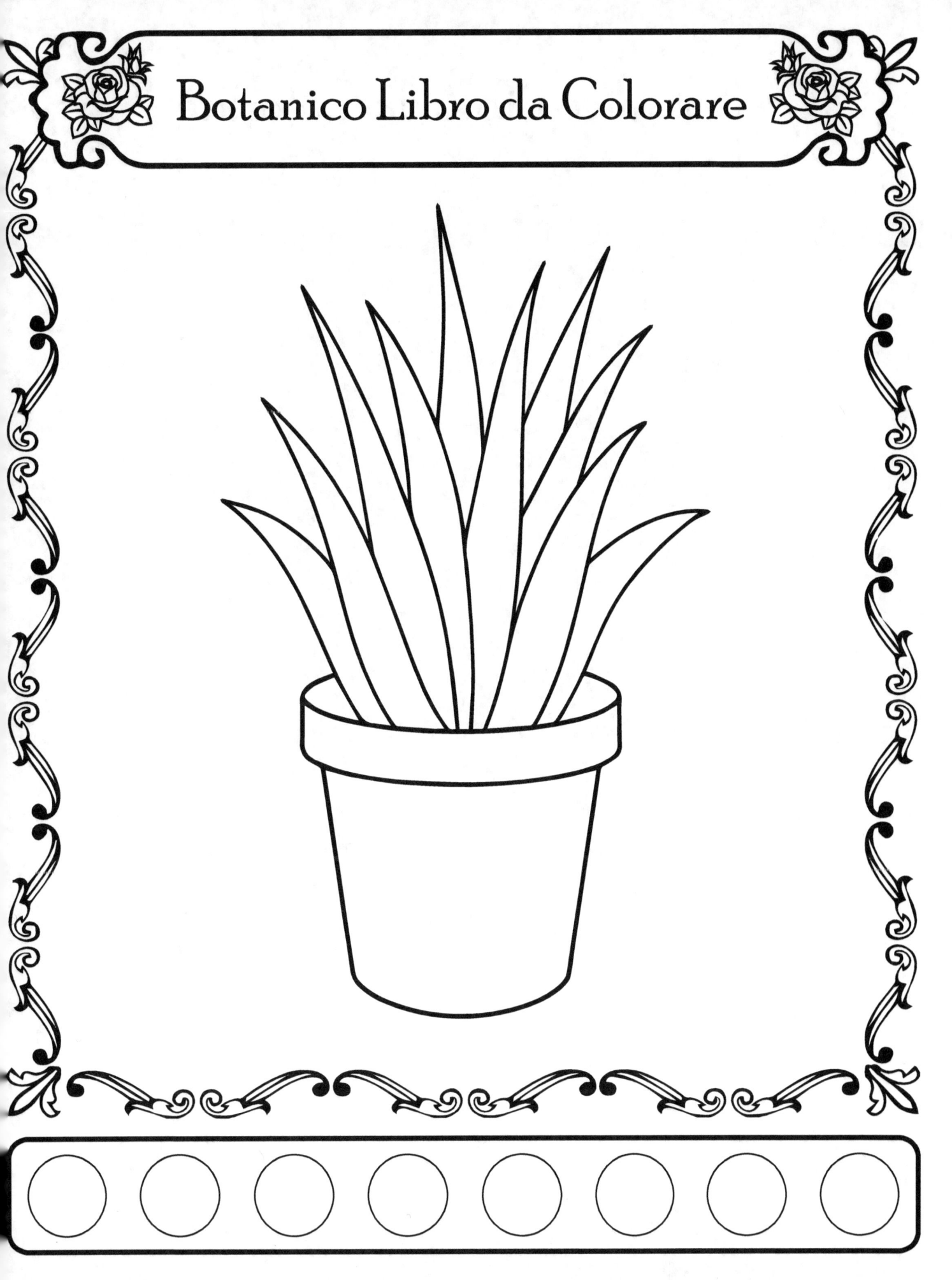

Botanico Libro da Colorare

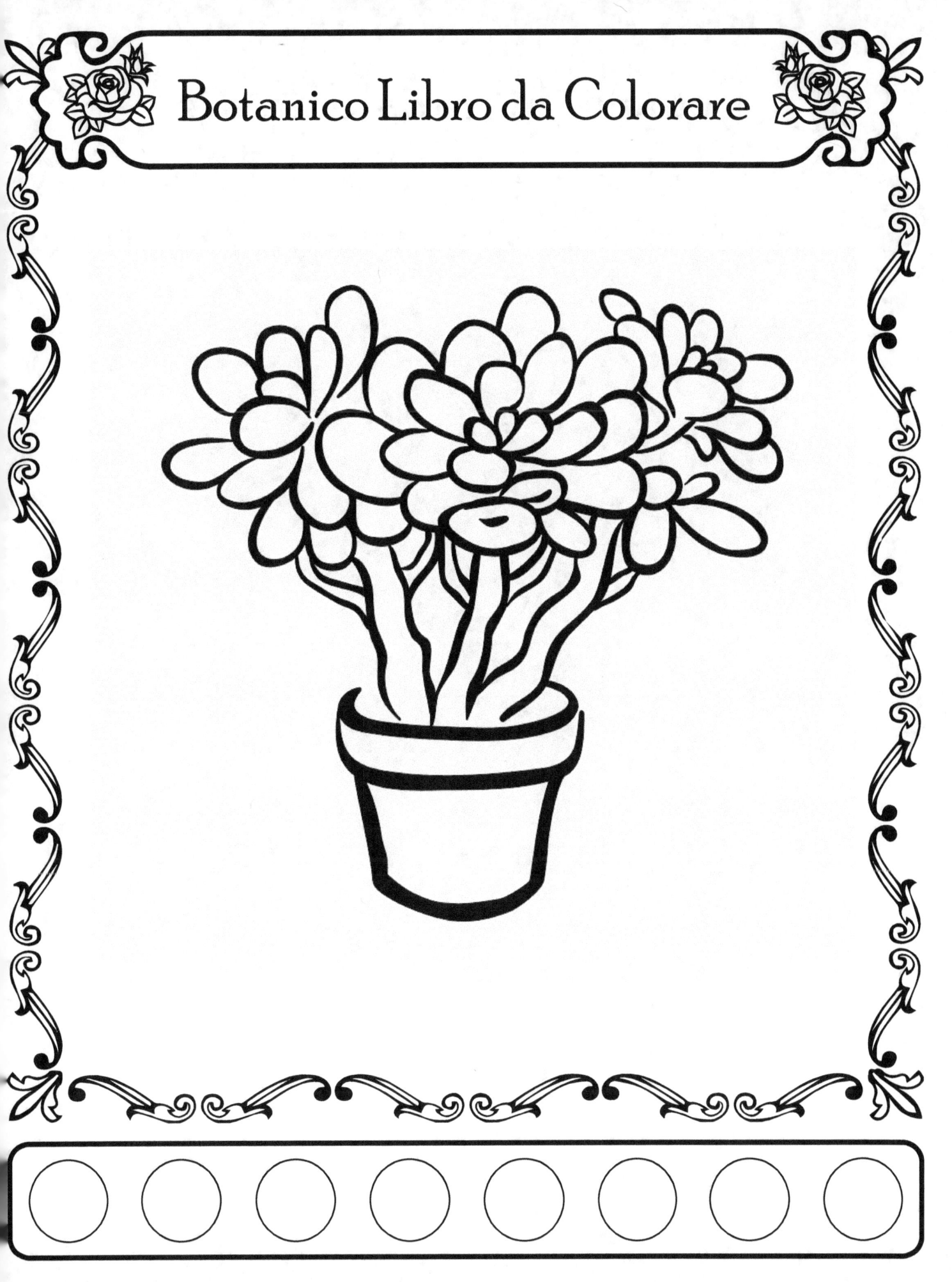

Botanico Libro da Colorare

Botanico Libro da Colorare

Botanico Libro da Colorare

Botanico Libro da Colorare

Botanico Libro da Colorare

Botanico Libro da Colorare

Botanico Libro da Colorare

Botanico Libro da Colorare

Botanico Libro da Colorare

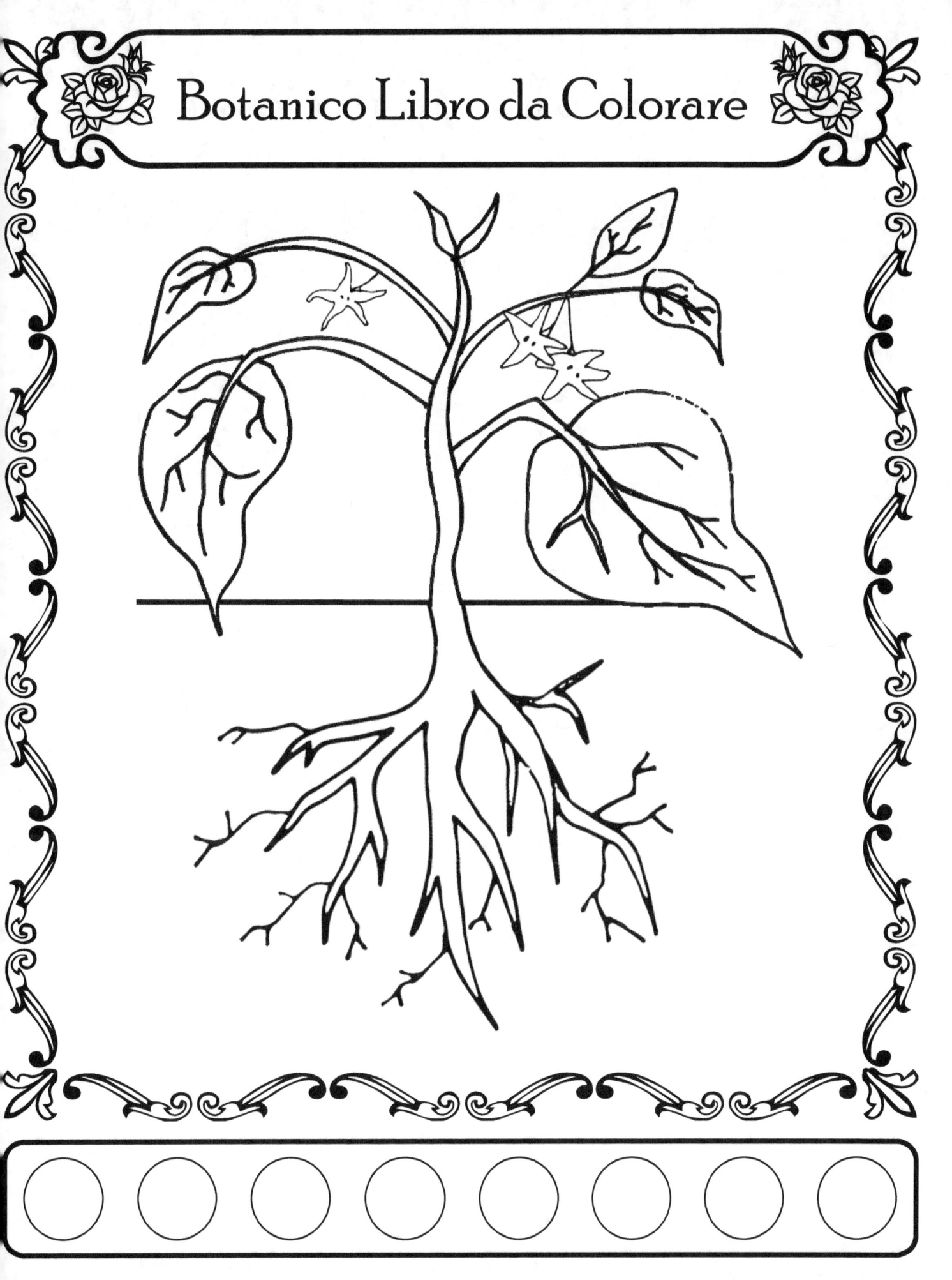

Botanico Libro da Colorare

Botanico Libro da Colorare

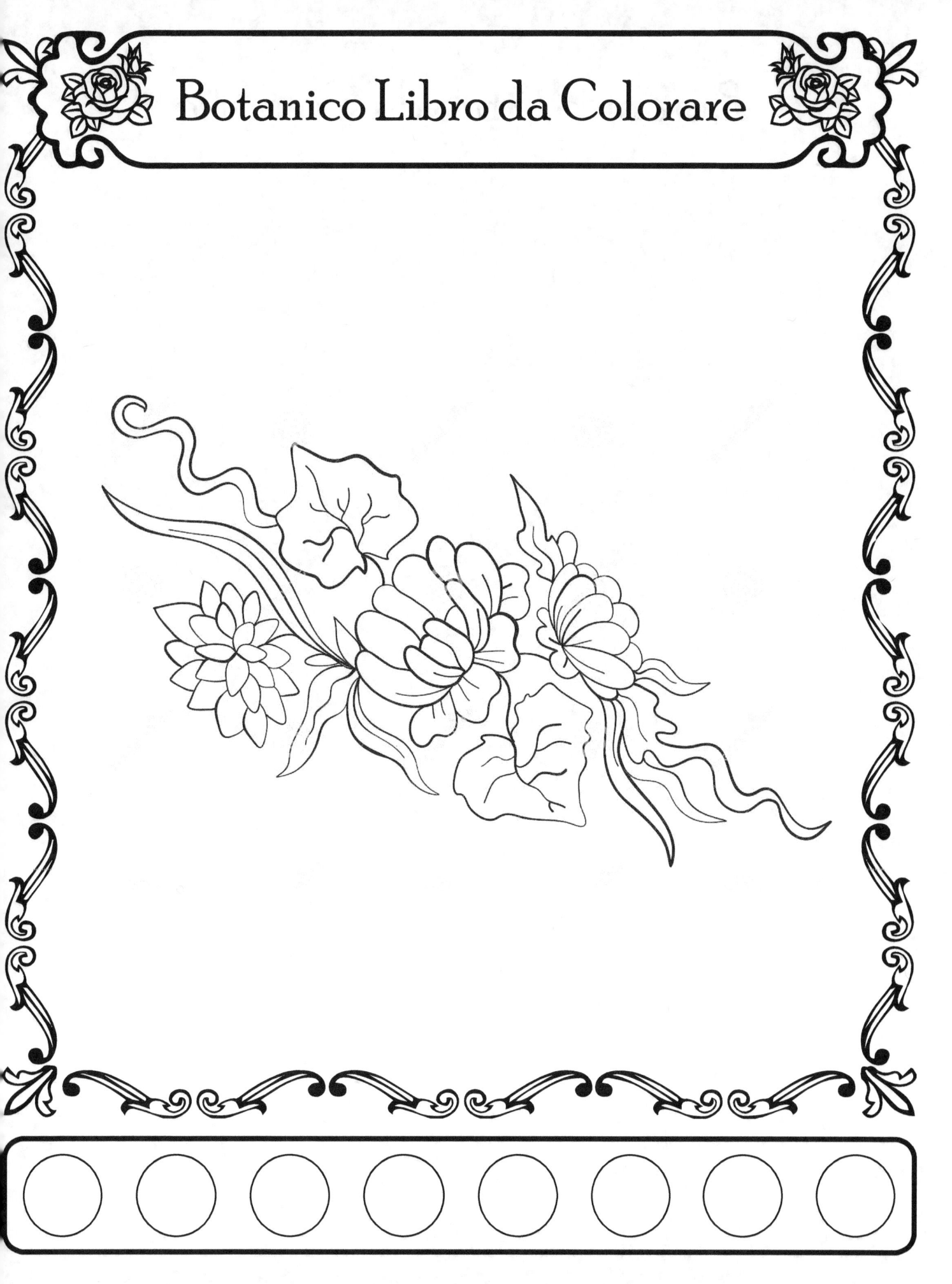

Botanico Libro da Colorare

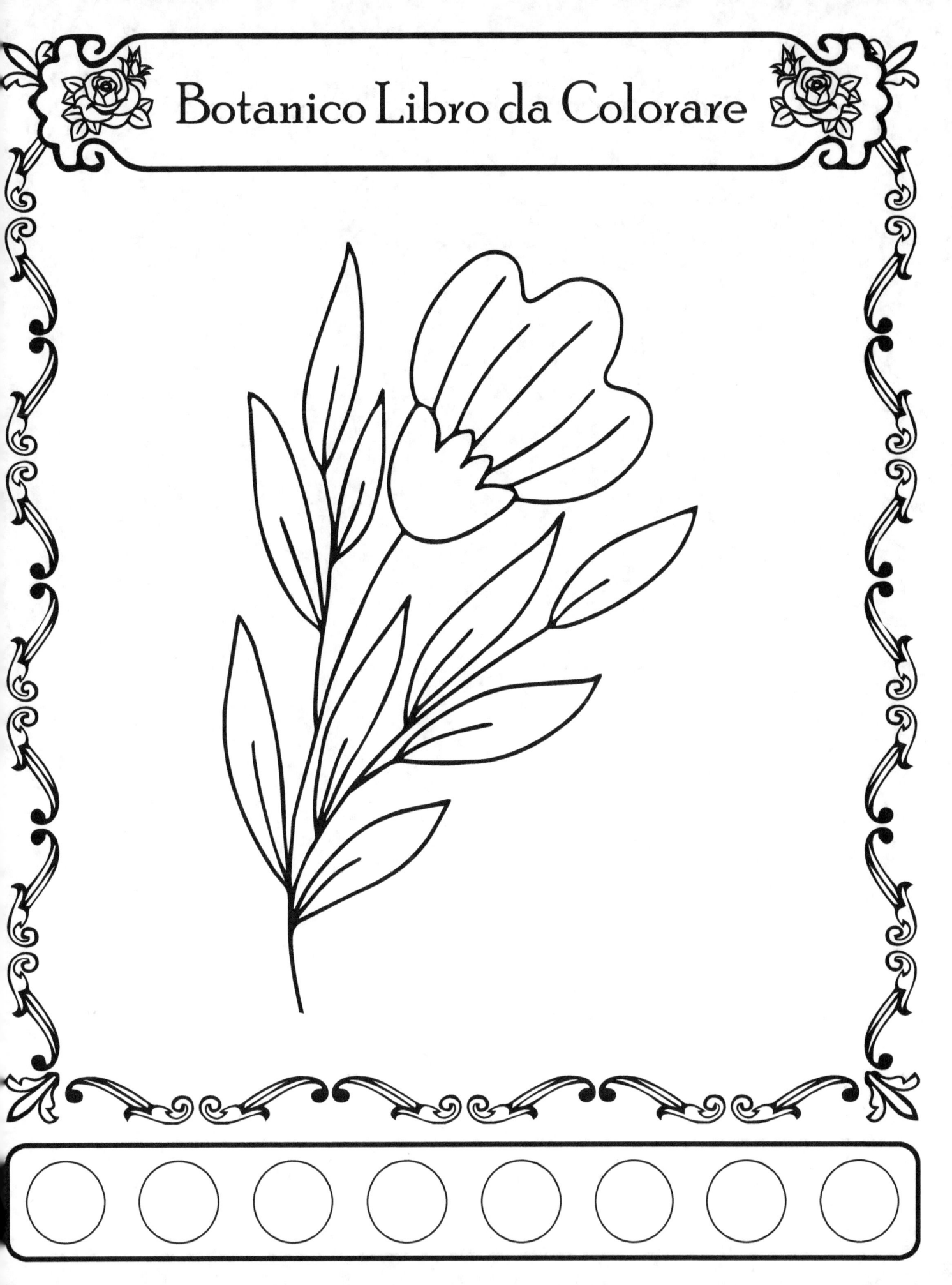

Botanico Libro da Colorare

Botanico Libro da Colorare

Botanico Libro da Colorare

Botanico Libro da Colorare

Botanico Libro da Colorare

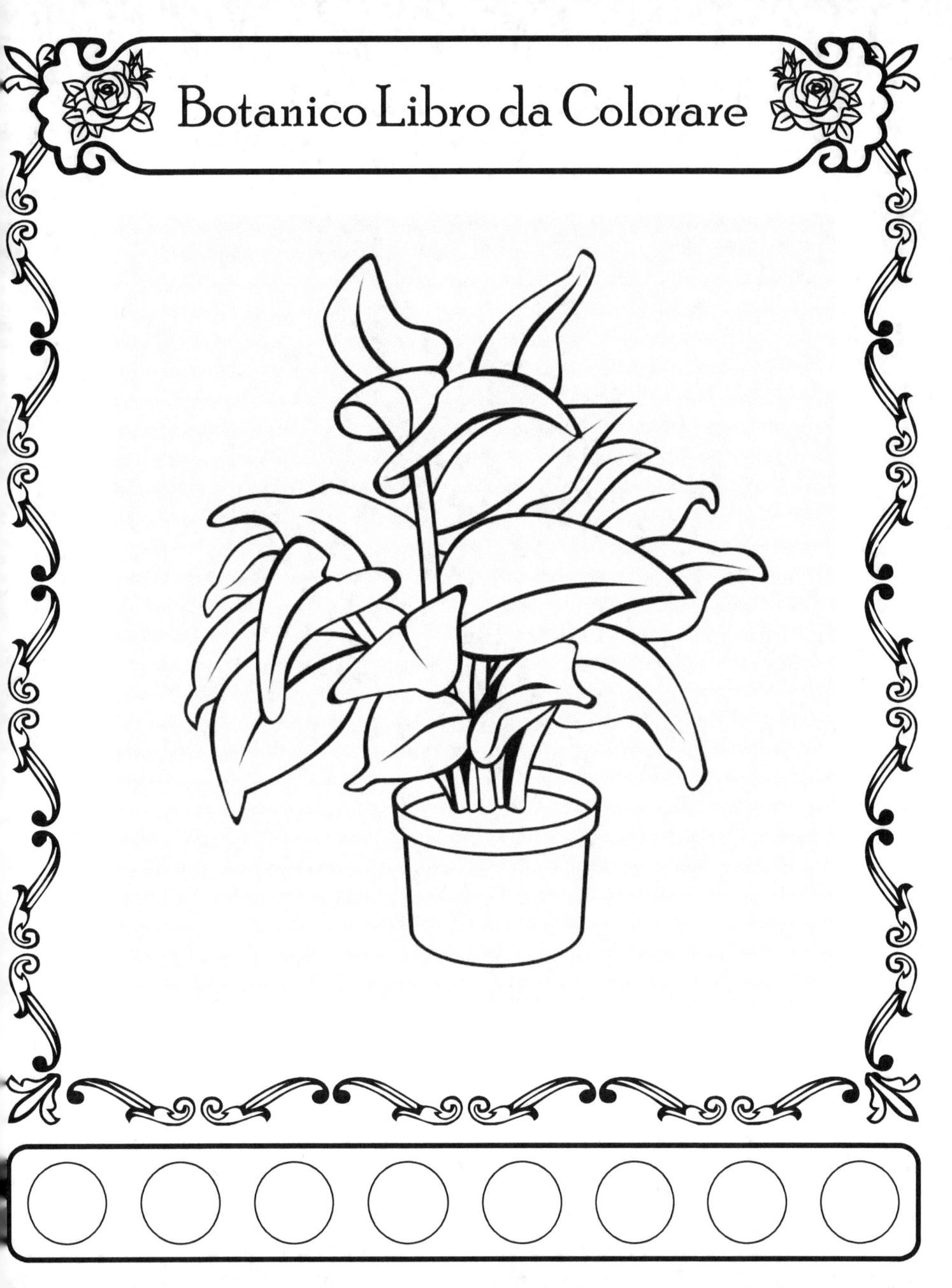

Botanico Libro da Colorare

Botanico Libro da Colorare

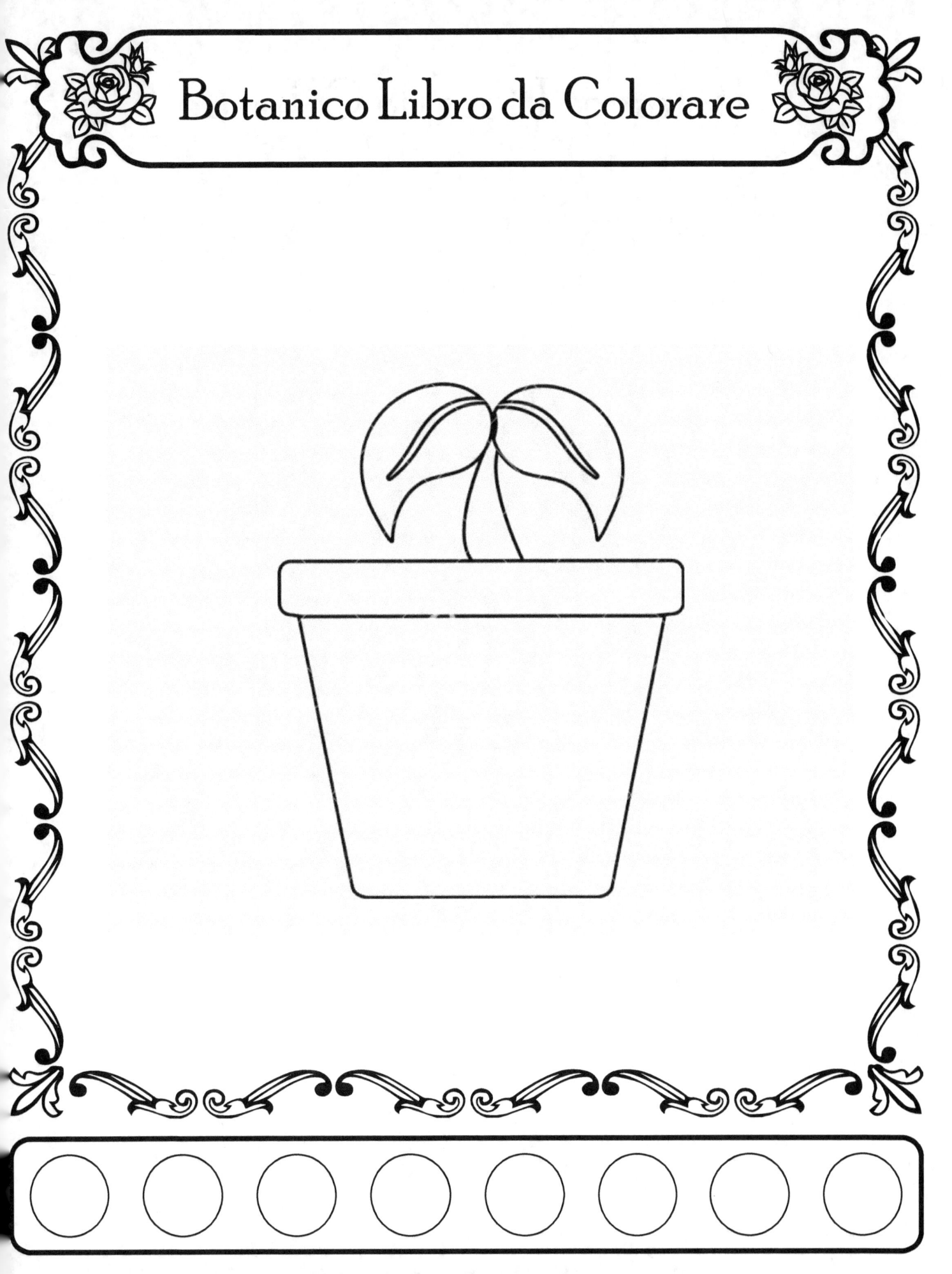

Botanico Libro da Colorare

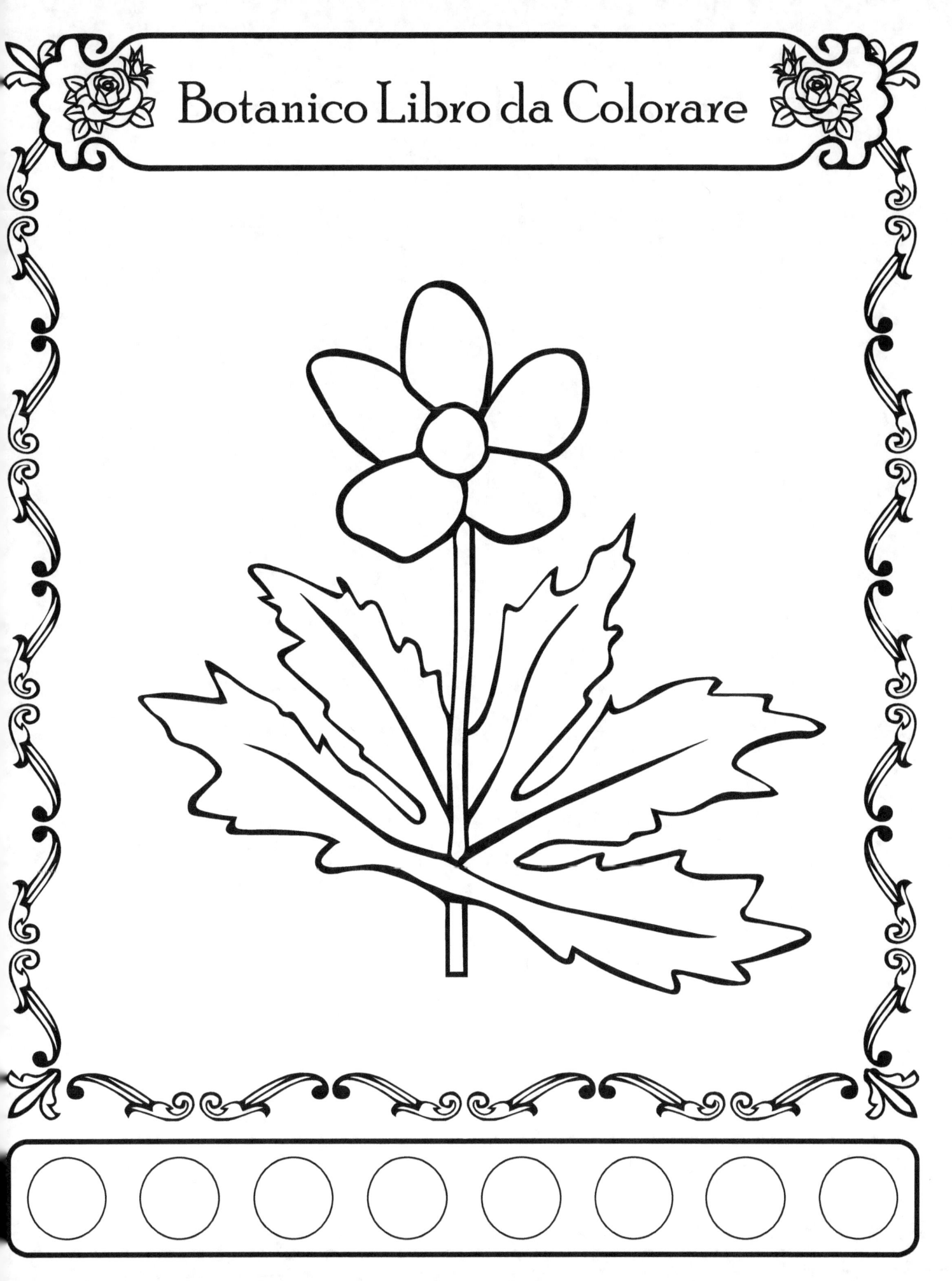

Botanico Libro da Colorare

Botanico Libro da Colorare

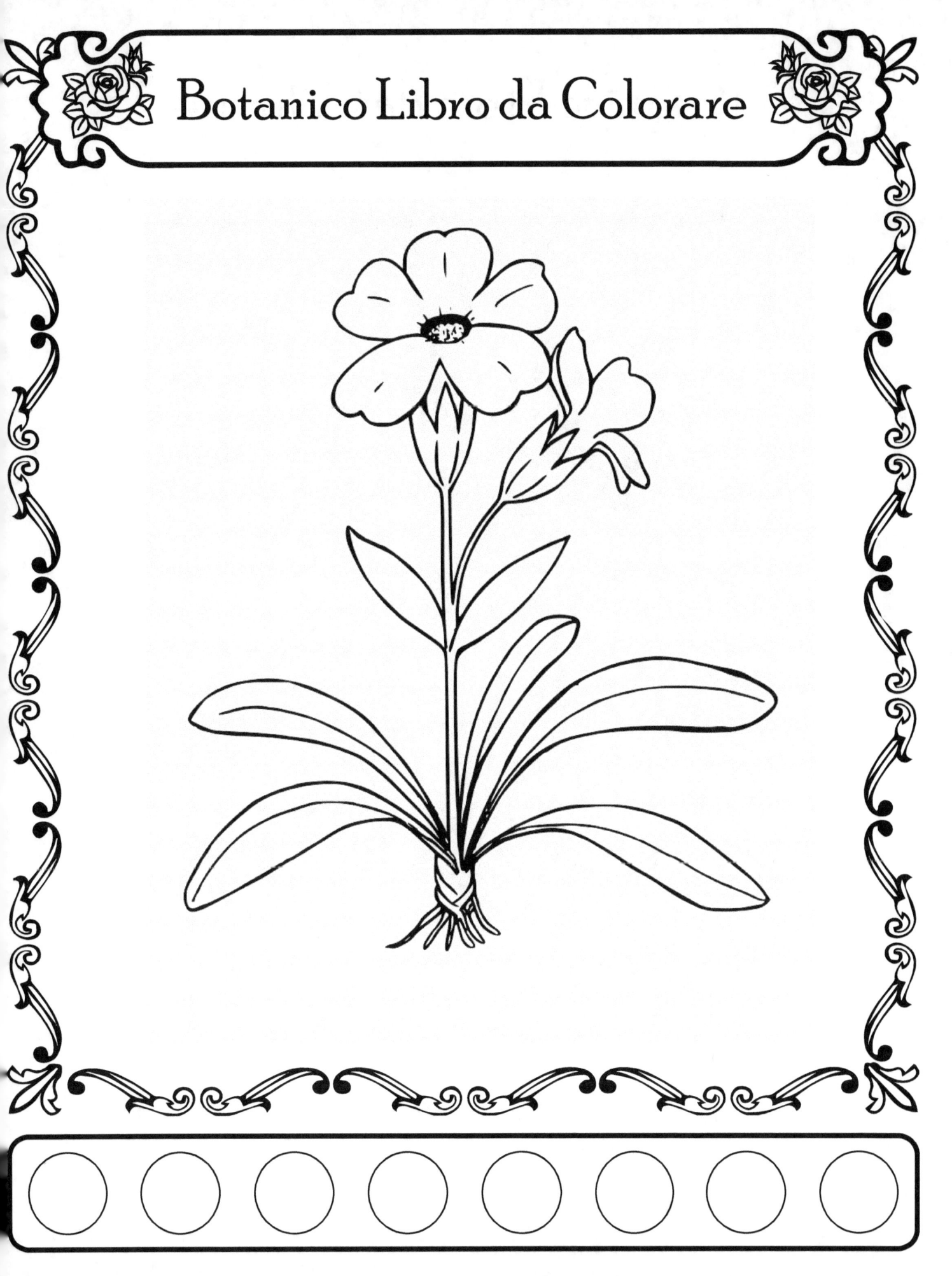

Botanico Libro da Colorare

Botanico Libro da Colorare

Botanico Libro da Colorare

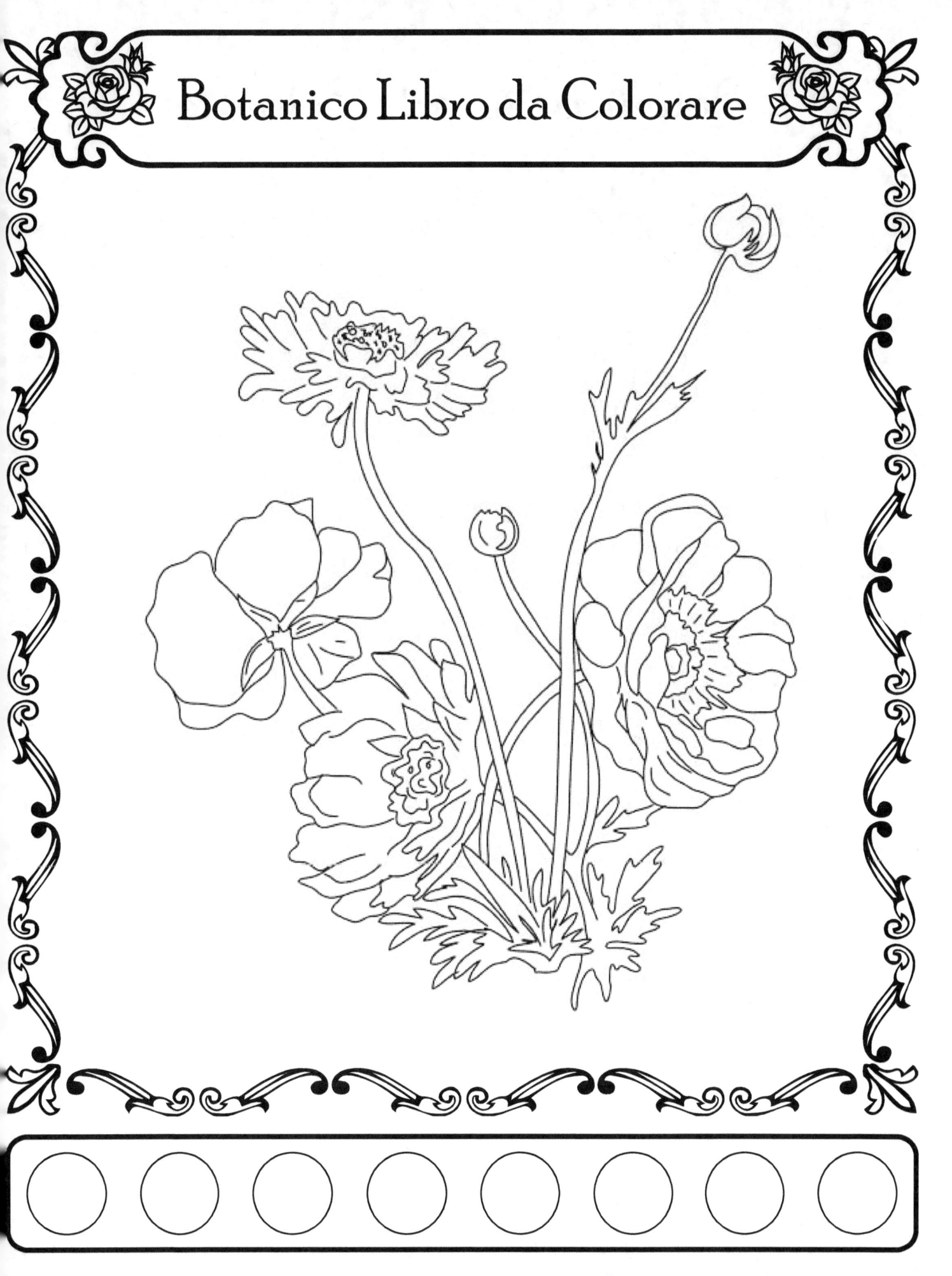

Botanico Libro da Colorare

Botanico Libro da Colorare

Botanico Libro da Colorare

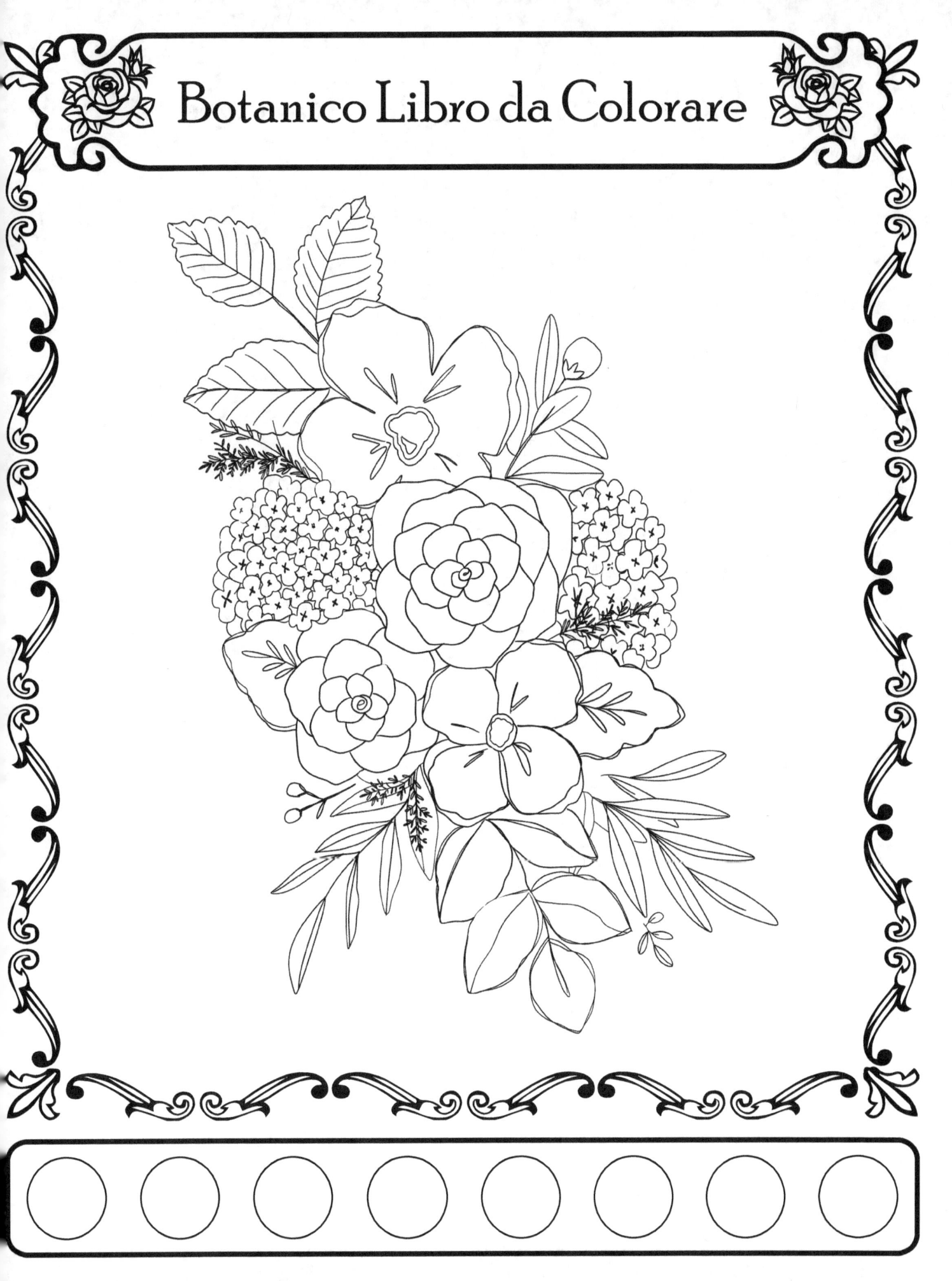

Botanico Libro da Colorare

Botanico Libro da Colorare

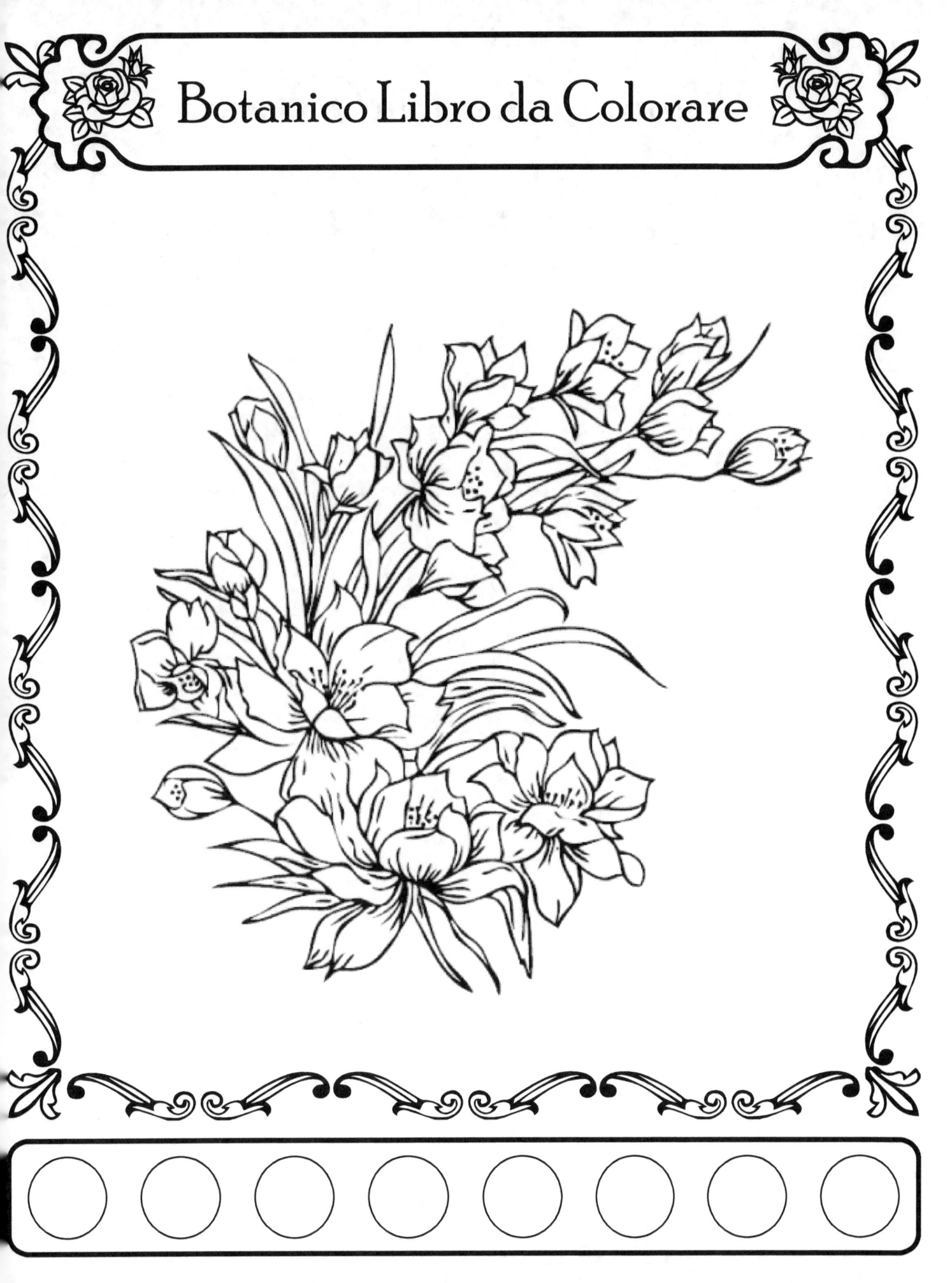

Botanico Libro da Colorare

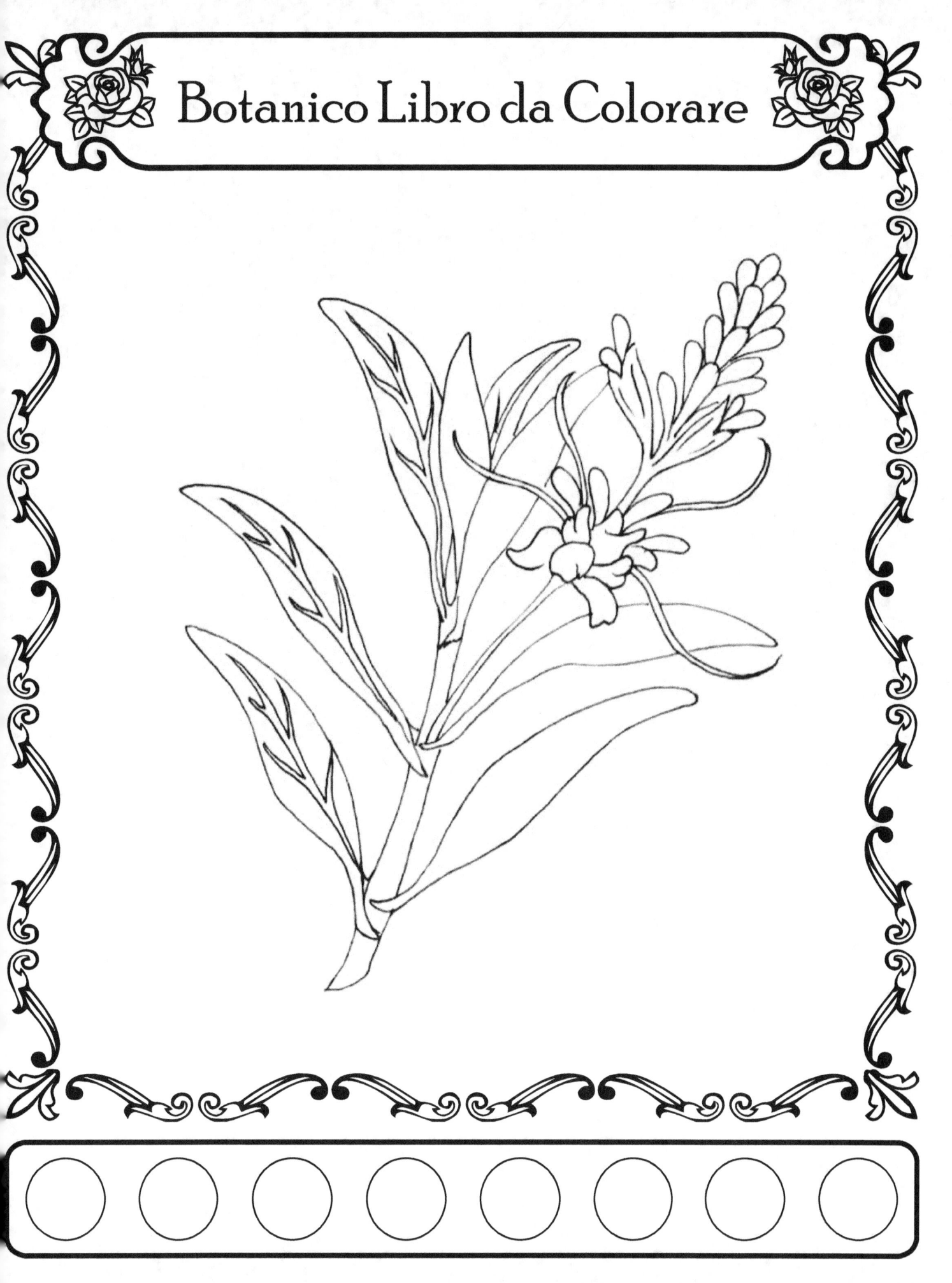

Botanico Libro da Colorare

Botanico Libro da Colorare

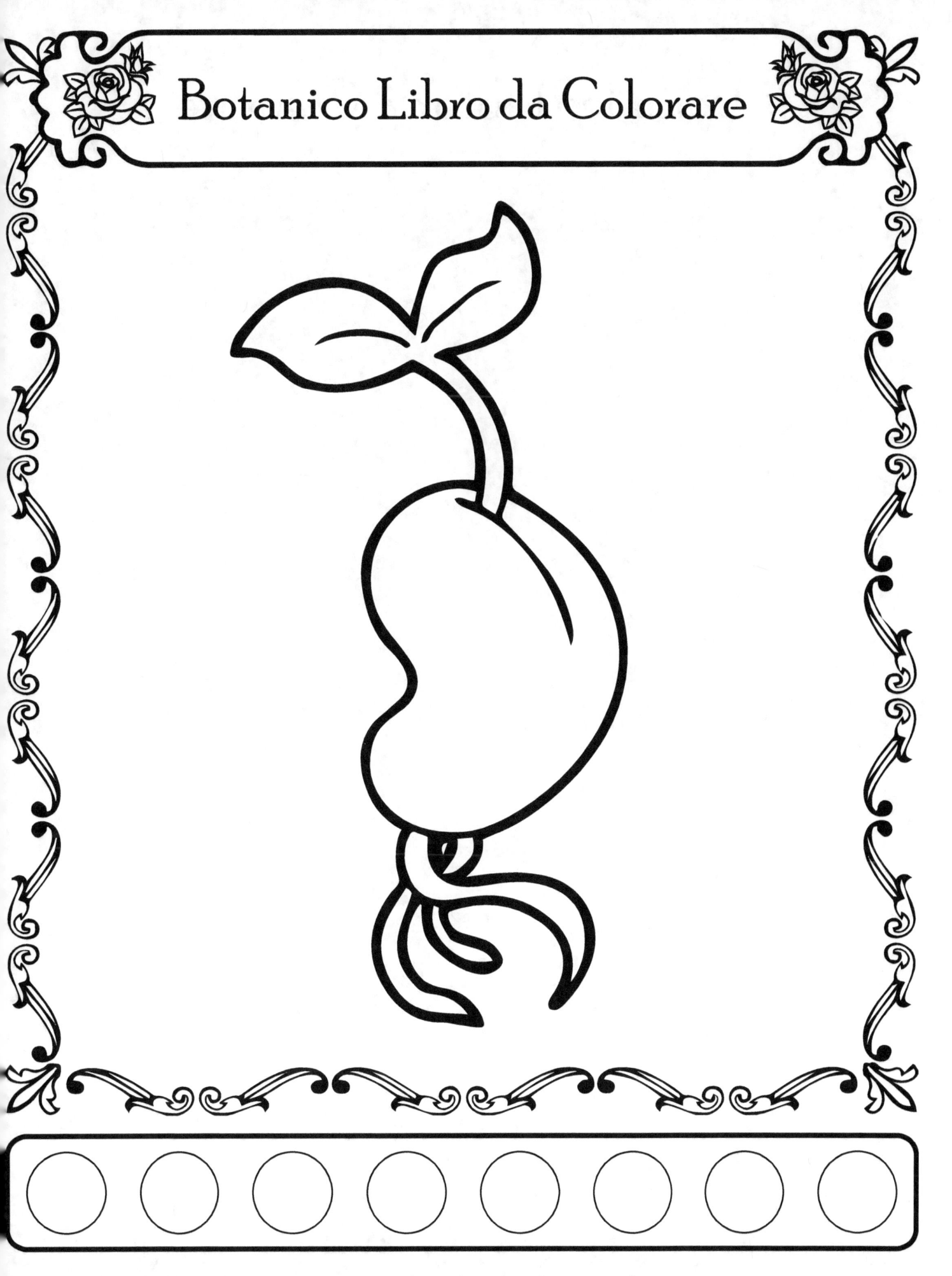

Botanico Libro da Colorare

Botanico Libro da Colorare

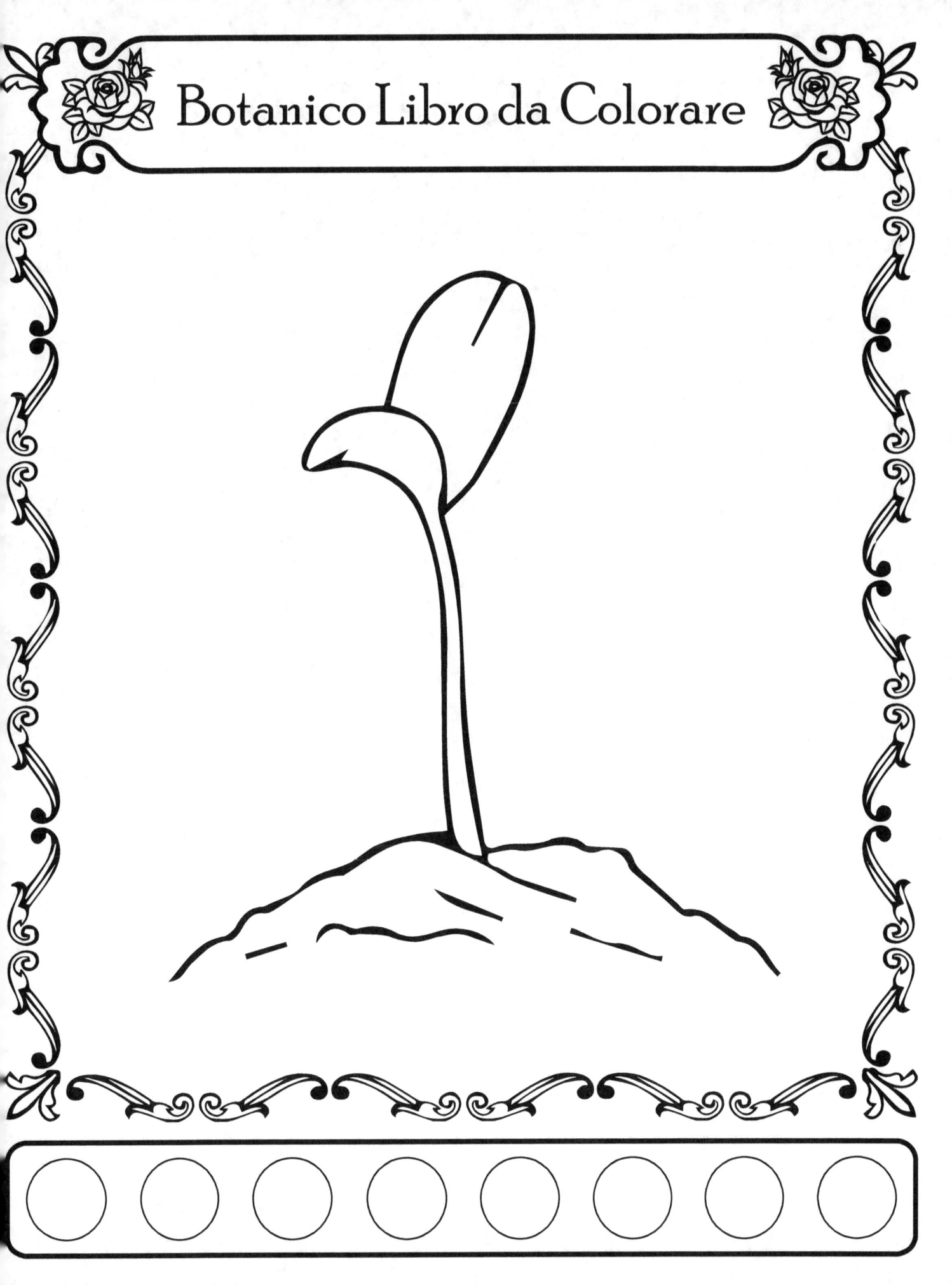

Botanico Libro da Colorare

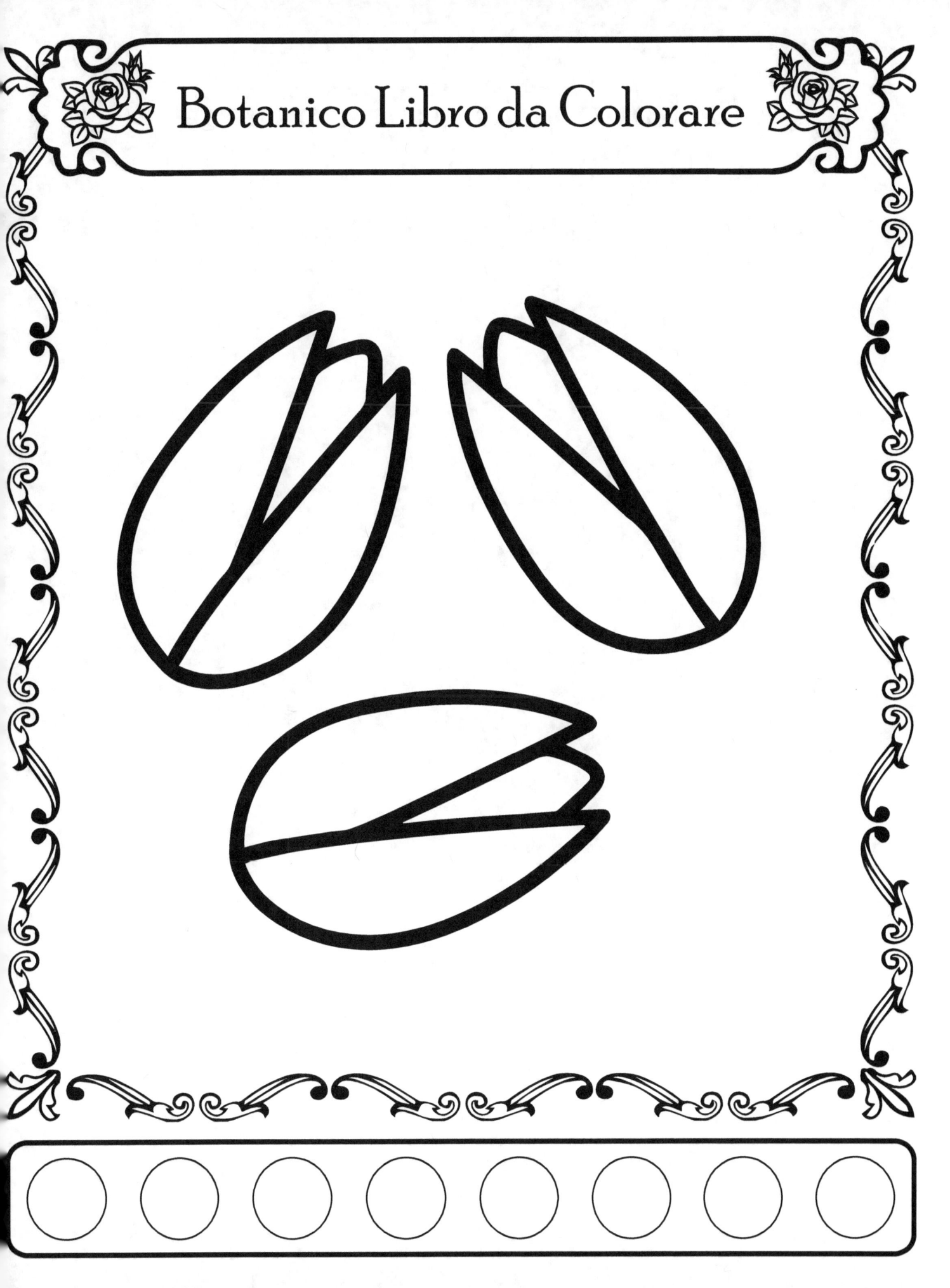

Botanico Libro da Colorare

Botanico Libro da Colorare

Botanico Libro da Colorare

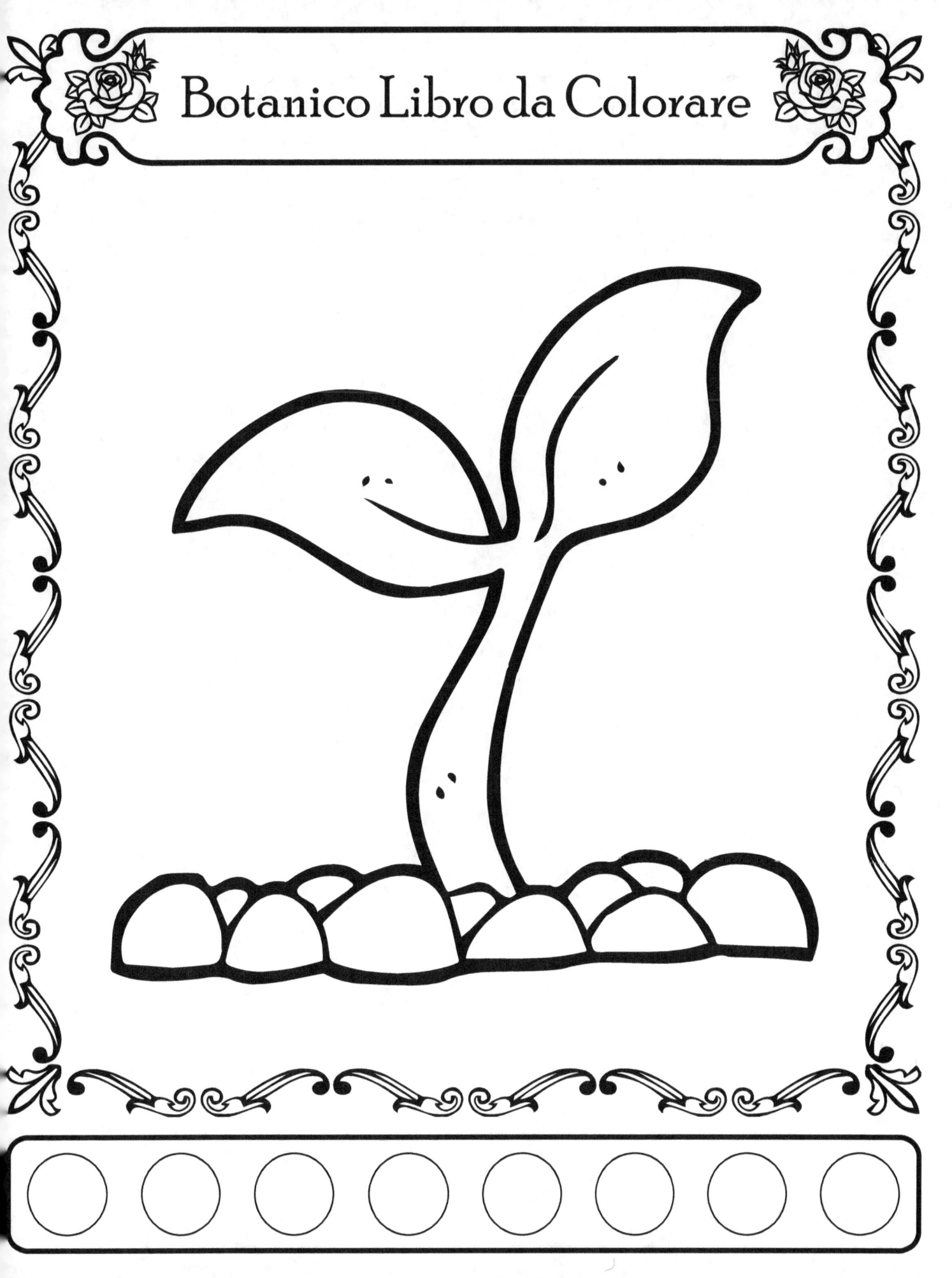

Botanico Libro da Colorare

Botanico Libro da Colorare

Botanico Libro da Colorare

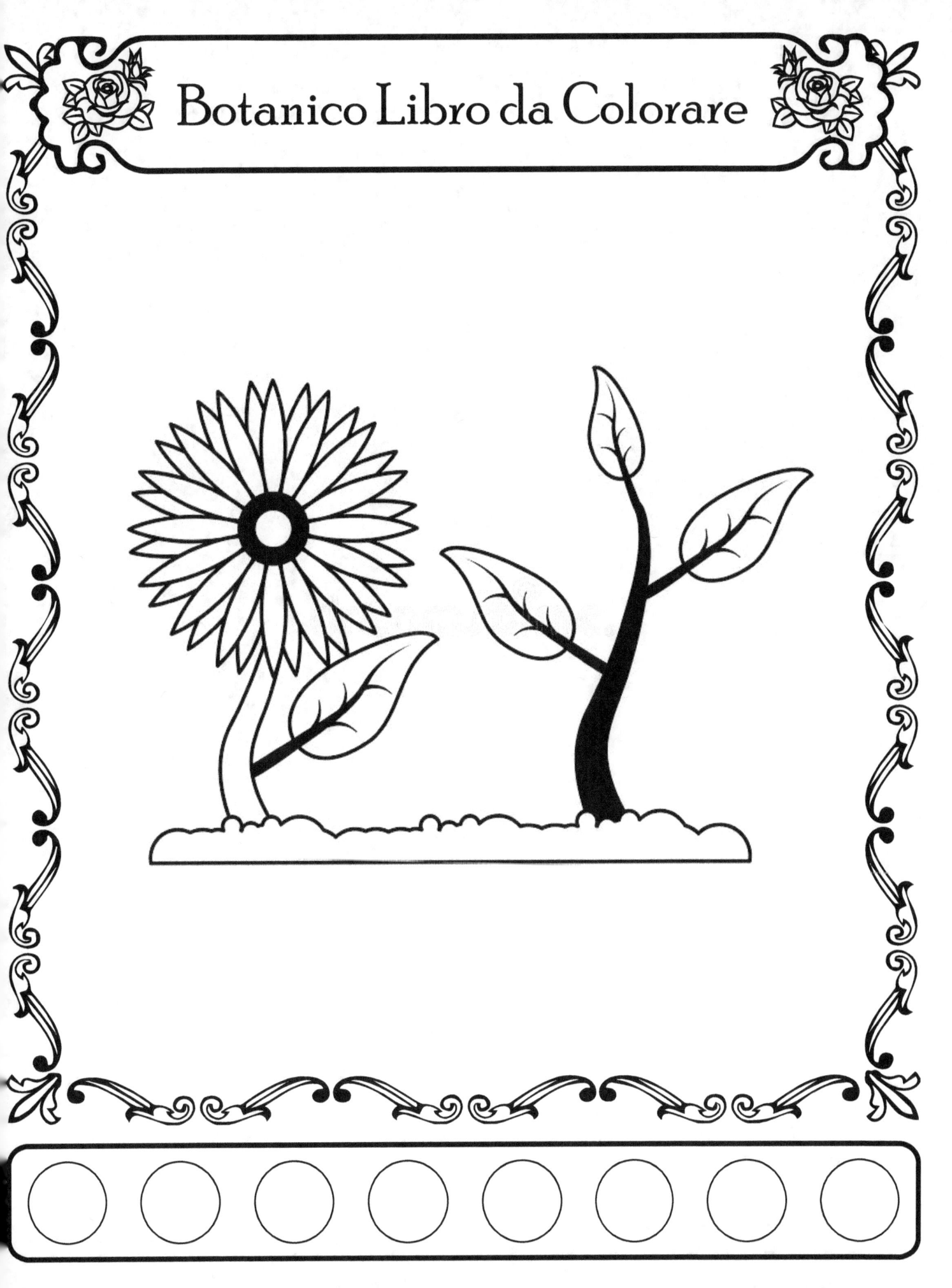

Botanico Libro da Colorare

Botanico Libro da Colorare

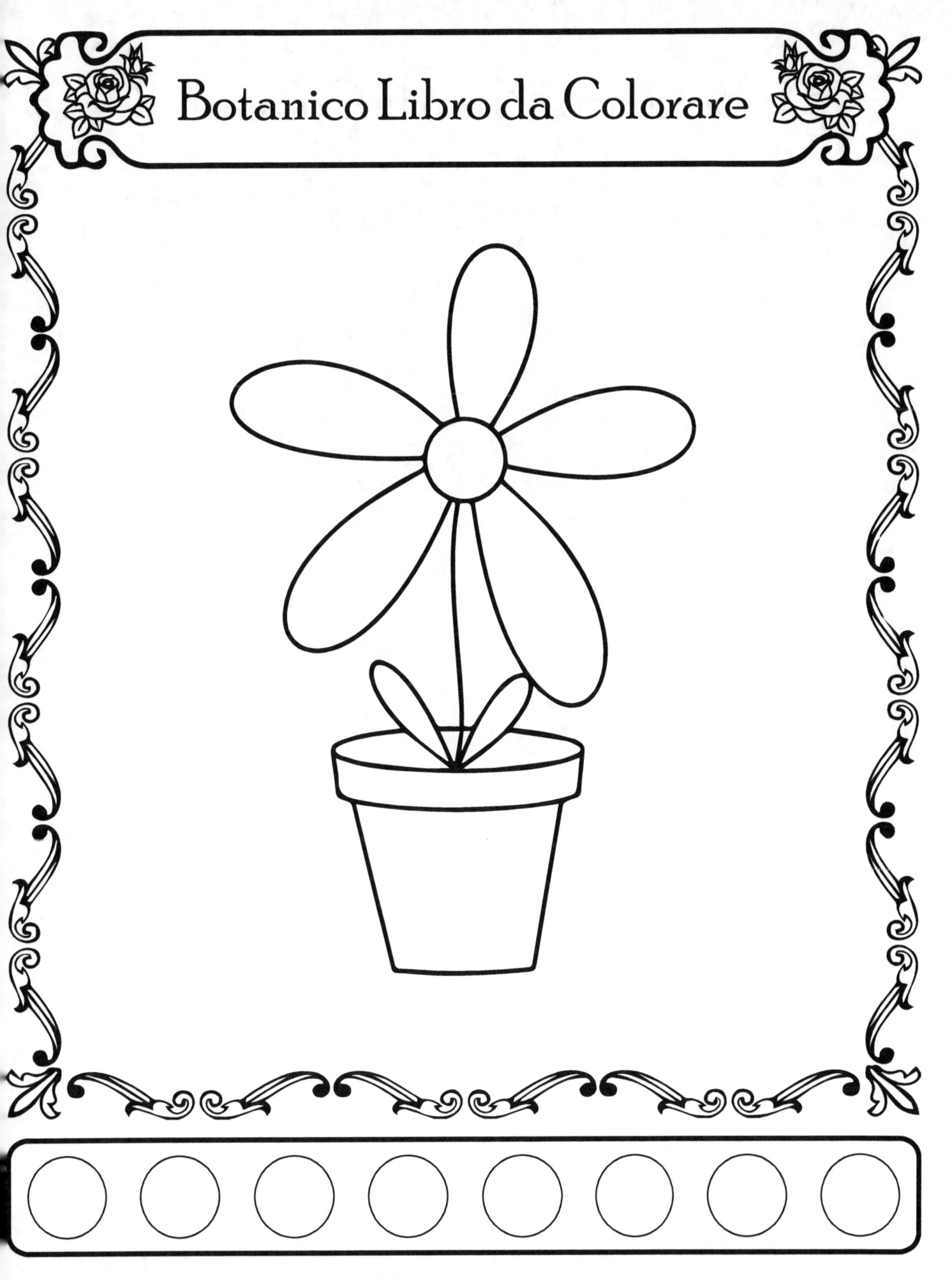

Botanico Libro da Colorare

Botanico Libro da Colorare

Botanico Libro da Colorare

Botanico Libro da Colorare

Botanico Libro da Colorare

Botanico Libro da Colorare

Botanico Libro da Colorare

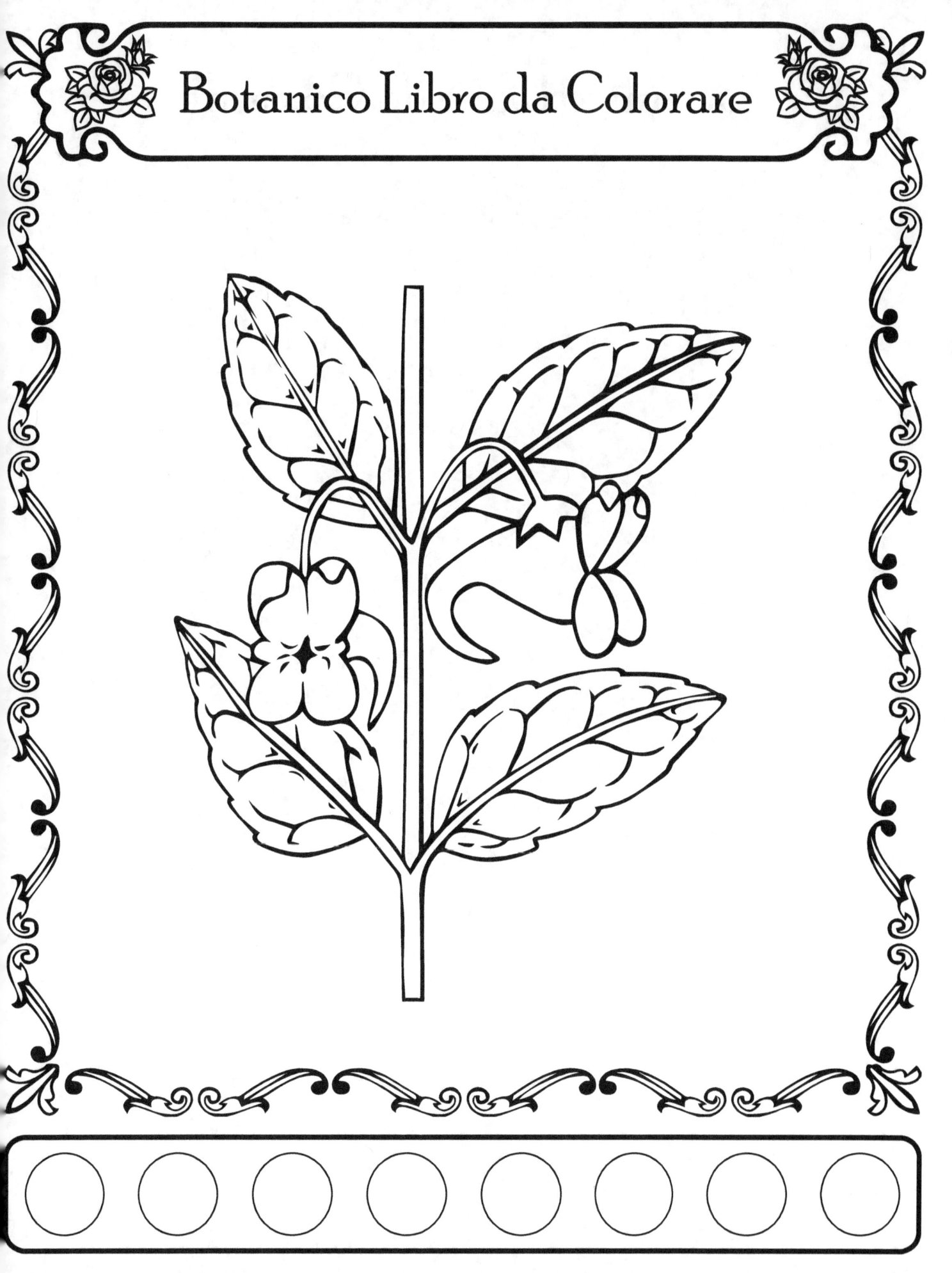

Botanico Libro da Colorare